Trompette

Méthode de français

1

Niveau A1.1

Pour accéder à l'audio, à la vidéo, aux jeux interactifs
et à toutes les ressources complémentaires, 2 options :

1. Rendez-vous sur l'espace digital
trompette.cle-international.com

2. **Scannez le QR code** situé en bas
de chaque page pour un accès direct
à ses ressources.

Hélène Vanthier

TABLEAU DES CONTENUS

A1.1	Communication	Lexique
Unité 0 Je découvre le français !	**Saluer** : *Bonjour ! Coucou !* **Dire et demander comment on s'appelle** : *Je m'appelle… Et toi ?* **Inviter quelqu'un à participer à une activité** : *Viens vite !*	Salutations Mots transparents L'alphabet en français
Unité 1 Coucou les amis ! 	**Présenter quelqu'un** : *C'est… Il/Elle s'appelle…* **Se présenter** : *Moi, c'est…* **Dire et demander comment ça va** : *Ça va ? Très bien ! Et toi ?* **Nommer des couleurs** : *C'est bleu, c'est rouge…* **Décrire quelque chose** : *C'est un bateau jaune.* **Compter de 1 à 10.** **Demander et dire son âge** : *J'ai 7 ans. Et toi ?* **Dire où on habite** : *Noé habite à Paris.*	Personnages de la méthode Couleurs Nombres de 1 à 10
Unité 2 En route pour l'école ! 	**Identifier quelque chose** : *Qu'est-ce que c'est ? C'est un cartable, Ce sont des ciseaux.* **Dire ce qu'il y a dans son cartable** : *Dans mon cartable, il y a…* **Dire ce que l'on met** : *Je mets un pantalon, des chaussettes…* **Décrire quelqu'un** : *Elle porte une jupe jaune.* **Exprimer ses goûts (1)** : *J'aime dessiner… J'aime beaucoup jouer…* **Nommer les jours de la semaine.** **Parler de son emploi du temps** : *le lundi j'ai école, le week-end je suis à la maison.*	Matériel scolaire Vêtements et accessoires (1) Activités que l'on fait à l'école Les jours de la semaine
🔍 **MÈNE L'ENQUÊTE AVEC MILO ET OUAF** – *Mystère à l'école*		
Unité 3 C'est la fête au jardin !	**Nommer des fruits et des aliments** : *un ananas, une pomme, des olives…* **Identifier quelque chose** : *Il y a des bananes. Il n'y a pas de kiwis.* **Demander et remercier poliment** : *Des pommes, s'il vous plaît ! Merci monsieur, madame…* **Exprimer ses goûts (2)** : *Miam, c'est bon !* **Compter jusqu'à 20.** **Proposer à quelqu'un de faire quelque chose** : *Tu comptes jusqu'à 20 ? Qui joue à cache-cache avec moi ?*	Le marché : fruits, aliments, fleurs Nombres de 10 à 20
📖 **Pause lecture** – *Les recettes de Nono et Potchi*		
Unité 4 Destination Sénégal ! 	**Présenter sa famille** : *C'est ma mamie, c'est mon cousin, c'est le papa de Fatou…* **Dire et demander si on a des frères et sœurs** : *J'ai un frère. Je n'ai pas de sœur.* **Identifier/nommer les pièces de la maison** : *la chambre, la cuisine…* **Localiser** : *Ils sont dans le salon.* **Dire ce que l'on fait** : *Elle téléphone. Il joue du djembé.* **Identifier/nommer des animaux d'Afrique** : *la girafe, l'éléphant…* **Identifier des cris d'animaux.**	Membres de la famille Pièces de la maison Animaux de la savane africaine
🔍 **MÈNE L'ENQUÊTE AVEC MILO ET OUAF** – *Kidnapping dans la jungle*		
Unité 5 1, 2, 3, respirez !	**Nommer les parties du corps** : *la tête, les jambes…* **Nommer différentes postures** : *debout, assis, à genoux…* **Décrire des actions motrices** : *Il lève les bras, elle touche ses pieds avec ses mains…* **Dire à quoi on joue** : *Je joue au foot, à un jeu vidéo…* **Dire à quoi on aime jouer** : *J'aime jouer à l'élastique ; Mon jeu préféré, c'est…* **Exprimer des émotions et sensations** : *Je suis en colère, je suis super content…* **Dire ce que l'on fait** : *Je fais du yoga, je nage…*	Parties du corps Actions motrices Activités de jeux et loisirs Émotions et sensations
📖 **Pause lecture** – *Le monstre des émotions*		
Unité 6 Tous à la montagne ! 	**Dire ce qu'on met dans sa valise** : *un bonnet, un short, des jumelles…* **Demander et dire quel temps il fait** : *Il y a du soleil, il y a des nuages.* **Localiser quelqu'un ou quelque chose** : *Il est sous son parapluie. Il y a des fleurs devant la maison.* **Identifier/nommer des animaux de la montagne** : *On voit des marmottes…* **Identifier des lieux de montagne** : *la ferme, le chemin…* **Dire ce que l'on fait** : *Je fais une randonnée, je marche, je prends le goûter.*	Vêtements et accessoires (2) Météo Activités de vacances Animaux de la montagne et de la ferme
🔍 **MÈNE L'ENQUÊTE AVEC MILO ET OUAF** – *Où est le gâteau d'anniversaire ?*		

Fonctionnement de la langue	Musique de la langue/Phonétique	Découvertes (inter)culturelles	Dessins animés – Projets
		Éveil aux langues. Identifier différentes langues du monde. *Bonjour* en plusieurs langues.	
Employer en contexte *je, tu, il, elle* + verbe au présent. Placer les adjectifs de couleurs après le nom.	Activité rythmique : identifier et frapper un rythme.	**1, 2, 3... avec mes doigts.** Compter sur ses doigts en France et ailleurs.	À l'aventure - La course de bateaux **Mon petit théâtre de marionnettes**
Poser des questions avec *qu'est-ce que* : *Qu'est-ce que c'est ? Qu'est-ce que tu mets ?* Utiliser *un/une/des*. Employer quelques verbes à l'infinitif : *écrire, lire...*	Activité vocale et rythmique : rythmer un petit texte oral avec des percussions corporelles.	Découvrir la semaine d'un écolier français. **Des écoliers du monde entier.** Porter un uniforme ou non en classe, en France et dans le monde. Situer diverses villes du monde sur une carte.	À l'aventure - Vite, à l'école ! **Flip/Flap - Mon école et moi**
Utiliser la négation : *Il y a / Il n'y a pas de J'aime/ Je n'aime pas*. Utiliser *le/la/les*. Former le pluriel des noms avec *s*.	Prosodie et rythme : frapper le nombre de syllabes sonores dans un mot connu.	Découvrir un jeu enfantin : cache-cache. **Des fruits, des légumes, des fleurs.** Identifier divers types de marché. Situer certains pays sur une carte du monde.	À l'aventure - Une partie de cache-cache **Mon livre numérique « J'adore / Je déteste »**
Utiliser la préposition *dans* pour situer. Utiliser *mon, ma, mes/ ton, ta, tes/ son, sa, ses*.	Identifier le son [ã] comme dans *maman, enfant...*	Découvrir un pays francophone : le Sénégal. Découvrir une comptine-jeu africaine : *Comment tu t'appelles ?* **Des animaux en danger** Identifier des espèces animales en voie de disparition à travers le monde.	À l'aventure - Une excursion dans la savane **Poster – Ma grande famille !**
Utiliser *au/ à la / à l' / aux* pour dire à quoi on joue. Poser des questions : *Vous jouez à quoi ? Tu joues avec moi ?*	Discriminer le son [ɛ̃] comme dans *main, raisin*.	Découvrir un pays francophone : le Maroc. **Pour les filles... ou pour les garçons ?** Interroger quelques stéréotypes filles/garçons relatifs aux jeux et activités sportives.	À l'aventure - Un kite-surf très spécial **Ma roue de l'égalité**
Pronom interrogatif *quel*. Utiliser les prépositions de lieu : *sur, sous, devant, derrière, entre*.	Discriminer le phonème [y] du phonème [u].	Le goûter : la tarte aux myrtilles. **Cocorico, kok-e-kok-ko de Paris à Tokyo !** Les onomatopées des cris d'animaux d'une langue à l'autre (éveil aux langues).	À l'aventure - Cinq kilomètres à pied **Ma cocotte plurilingue**

JE DÉCOUVRE LE FRANÇAIS !

LEÇON 1 — Ma langue au chat

1. Des comptines du monde. Écoute.
a. Tu entends combien de comptines différentes ?
b. Tu reconnais quelle(s) langue(s) ?

2. Tu parles déjà français ! Écoute et montre la bonne photo.

Bonjour ! Coucou !

UNITÉ 0

3. Il y a tant de façons de dire « Bonjour » !
Tu reconnais quelles langues ?

Bonjour — Günaydın — Hola — 你好 — صباح الخير — नमस्ते — Hello — Καλημέρα — Dzień dobry

4. Bonjour, bonjour, coucou à tout le monde !
Écoute et fais la ronde avec tes camarades.

Bonjour, bonjour,
coucou à tout le monde !
Bonjour, bonjour,
viens vite dans la ronde !

Viens vite !

JE DÉCOUVRE LE FRANÇAIS !

LEÇON 2 — Comment tu t'appelles ?

1. Qui est qui ? Écoute et montre la bonne photo.

2. Je m'appelle…
Joue avec tes camarades.

Je m'appelle Iris. Et toi ?

Je m'appelle Léo.

3. **A, B, C.** Écoute, montre les lettres et répète.

  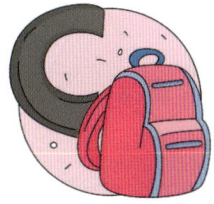  
   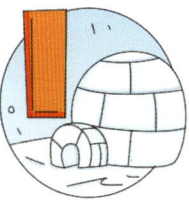

 **4.** Bonjour, bonjour, coucou à tout le monde !
Joue et chante avec tes camarades !

 Et toi ?

UNITÉ 1

COUCOU LES AMIS !

LEÇON 1 — C'est qui ?

1. Écoute et montre Rose, Milo, Loulou, Ouaf et Edgar.

2. C'est qui ? Écoute, montre et dis.

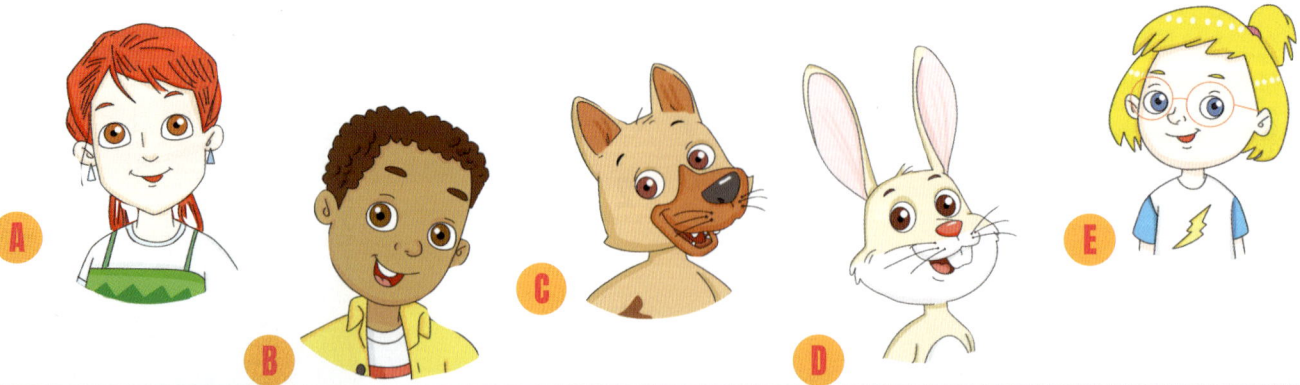

Moi, c'est Milo. Et là, c'est Ouaf.

UNITÉ 1

3. **Comment ça va ?** Écoute et montre.

A   B   C   D

 **4.** **Ça va ?** Joue avec tes camarades.

Coucou Pablo ! Ça va ?

Salut Iris. Très bien ! Et toi ?

 **5.** **Coucou les amis, comment ça va ?** Écoute, frappe le rythme et chante.

Comment ça va ? Ça va bien. Et toi ?

LEÇON 2 — De quelle couleur ?

1. Écoute et montre les bons bateaux.

2. **Jeu du plus rapide.** Joue avec tes camarades.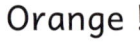

jaune, bleu, rouge, vert, orange, rose

 3. **Comment ça marche ?** Observe et dis.

 un     un

un     un

un     un

 **4.** **Vite en place !** Joue avec tes camarades.

 **5.** Jaune, jaune, jaune,  j'ai un bateau jaune.
   a. Regarde la vidéo et découvre la chanson.
   b. Chante avec tes camarades.

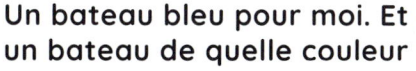 Un bateau bleu pour moi. Et pour toi, un bateau de quelle couleur ?

LEÇON 3 — Tu as quel âge ?

1. Écoute et compte avec Milo et ses amis.

 **2.** **La chanson des chiffres** ! Écoute et chante.

 **3.** 6 cherche 4 ! Joue avec tes camarades.

Un, deux, trois, quatre… Et après ?

UNITÉ 1

4. Ils ont quel âge ? Écoute et montre.

5. À l'aventure ! La course de bateaux.

a. Regarde le dessin animé puis remets les images dans l'ordre.

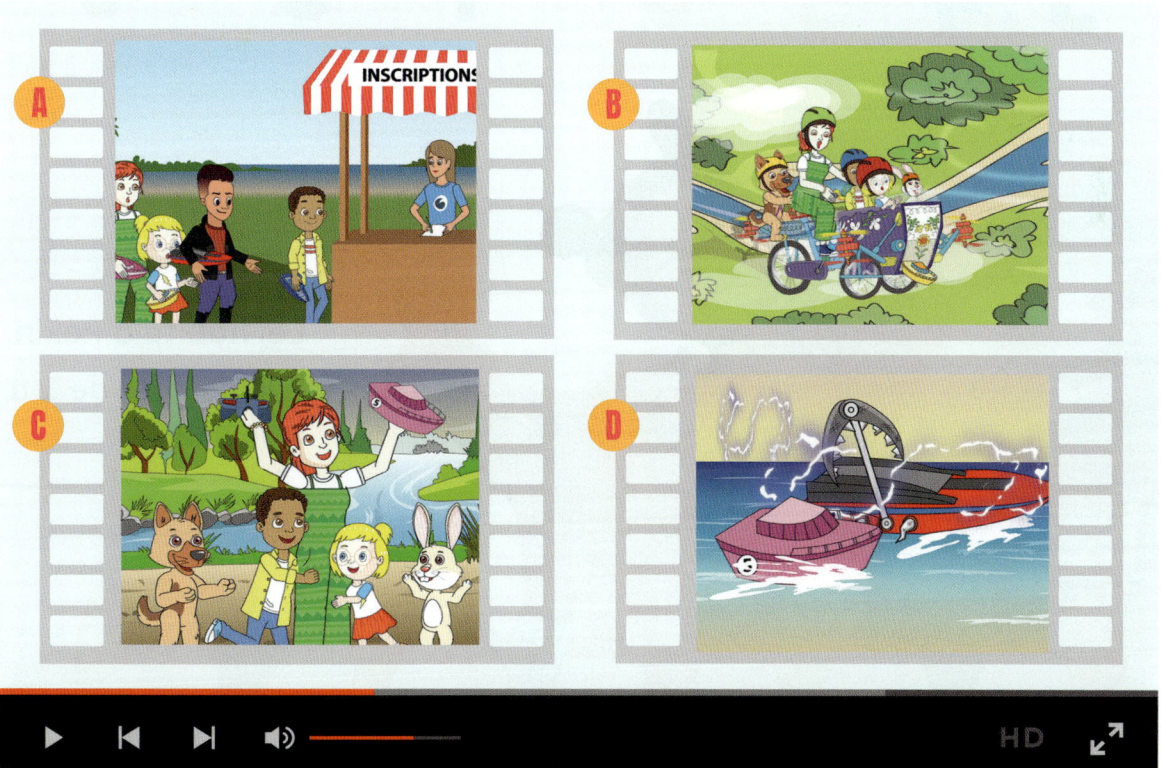

b. Écoute et montre la bonne image.

J'ai sept ans. Et toi ?

1, 2, 3 AVEC MES DOIGTS

Noé habite à Paris.
Il compte de 1 à 10 comme ça :

1 2 3 4 5 6 7 8 9 10

Lei habite à Pékin.
Elle compte de 1 à 10 comme ça :

一 二 三 四 五 六 七 八 九 十

1. Observe et compte sur tes doigts comme Noé.
2. Observe et compte sur tes doigts comme Lei.
3. Montre Paris et Pékin sur la carte, pages 78-79.

PROJET

Mon théâtre de marionnettes

1. Fabrique ta marionnette.

a. Choisis ton personnage, découpe et colorie les 2 faces.

b. Colle 1 petit bâton entre les 2 faces de ta marionnette.

2. Joue avec tes camarades.

- Comment ça va Loulou ?
- Ça va super ! Et toi ?
- Tu as quel âge Milo ?
- …

LEÇON 1 — Dans mon cartable

1. Écoute et montre la bonne image.

2. Écoute et donne à chacun son cartable.

Victor

Emma

> Dans mon cartable, il y a un cahier, un livre, une trousse, des ciseaux.

UNITÉ 2

3. **Kim sonore.** Qu'est-ce qui manque ?
Regarde, écoute et dis.

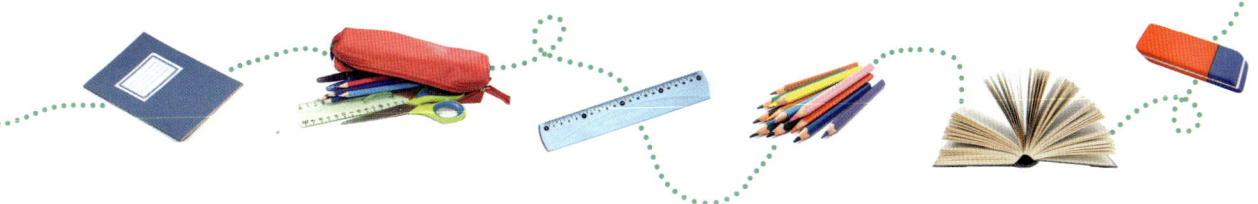

 4. **Les yeux bandés.** Joue avec tes camarades.

Qu'est-ce que c'est ?

 5. **Tic tac ! Fric frac !** Écoute et dis en rythme.

Dans mon cartable il y a
Tic tac Fric frac

6. Et dans ton cartable, qu'est-ce qu'il y a ?

 Qu'est-ce que c'est ? C'est un crayon !
C'est une gomme ! Ce sont des ciseaux !

LEÇON 2 — Je mets un pantalon

1. Écoute et montre les vêtements de Milo et Loulou.

2. Pablo, Iris, Louise, Gabriel… Qui est qui ? Écoute et dis.

Qu'est-ce qu'elle porte ? Elle porte une jupe rouge, un tee-shirt blanc et des baskets.

 3. **Un, une, des.** Range les cartes. Écoute pour vérifier.

 4. J'ai… Qui a… ? Joue avec tes camarades.

> J'ai un pull bleu.
> Qui a une jupe rouge ?

 **5.** **Promenons-nous dans les bois.**
a. Regarde et écoute.
b. Mime et chante la chanson.

> Je mets une casquette jaune et je sors !

 Je mets un pantalon, un pull et des baskets !

23

LEÇON 3 Tu aimes dessiner ?

1. Qu'est-ce qu'ils aiment faire ? Écoute et montre la bonne photo. 39

A
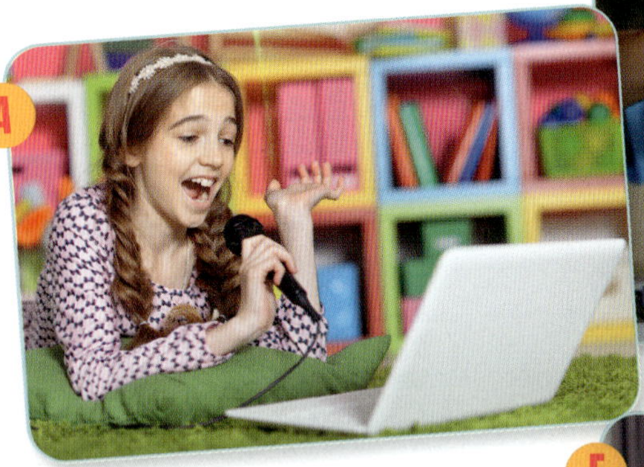

B
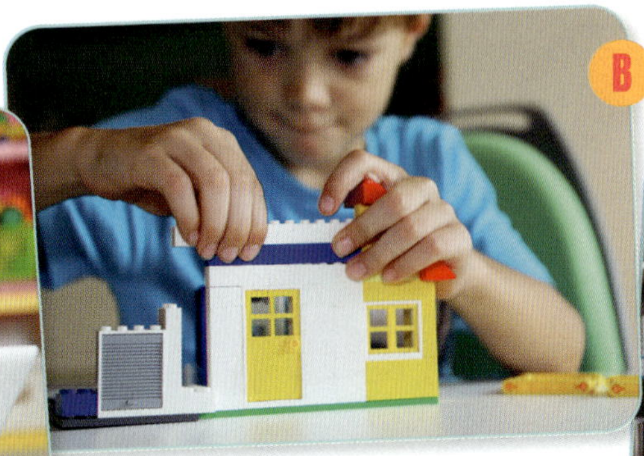

C
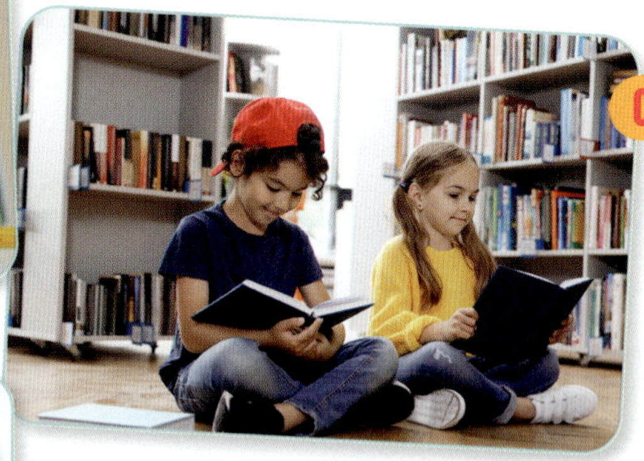

E
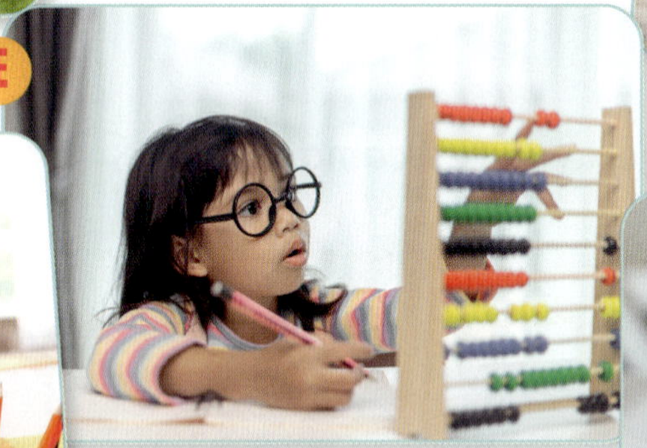

D
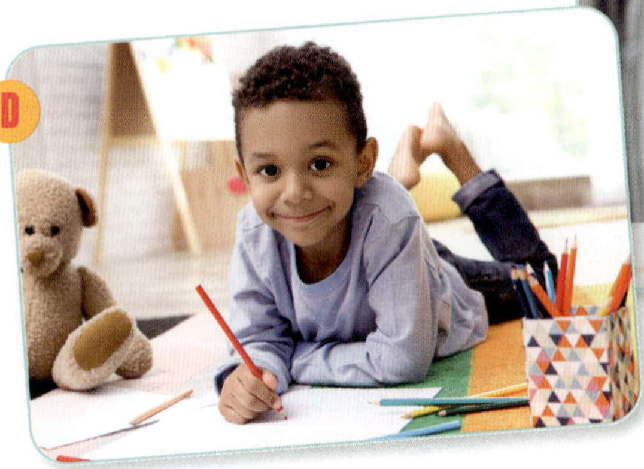

F
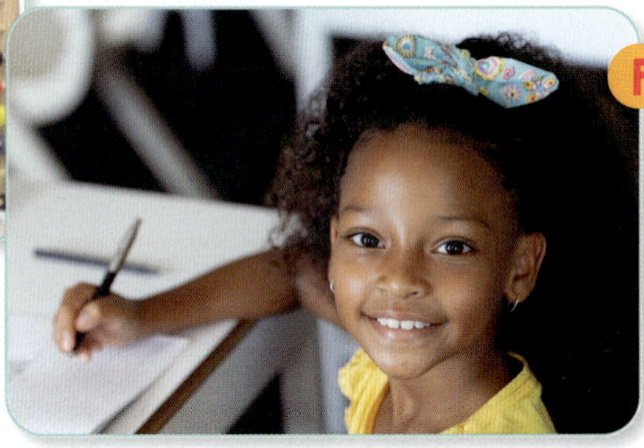

2. **Kim sonore.** Qu'est-ce qui manque ? 40
Regarde, écoute et dis.

41 J'aime lire, chanter et jouer.

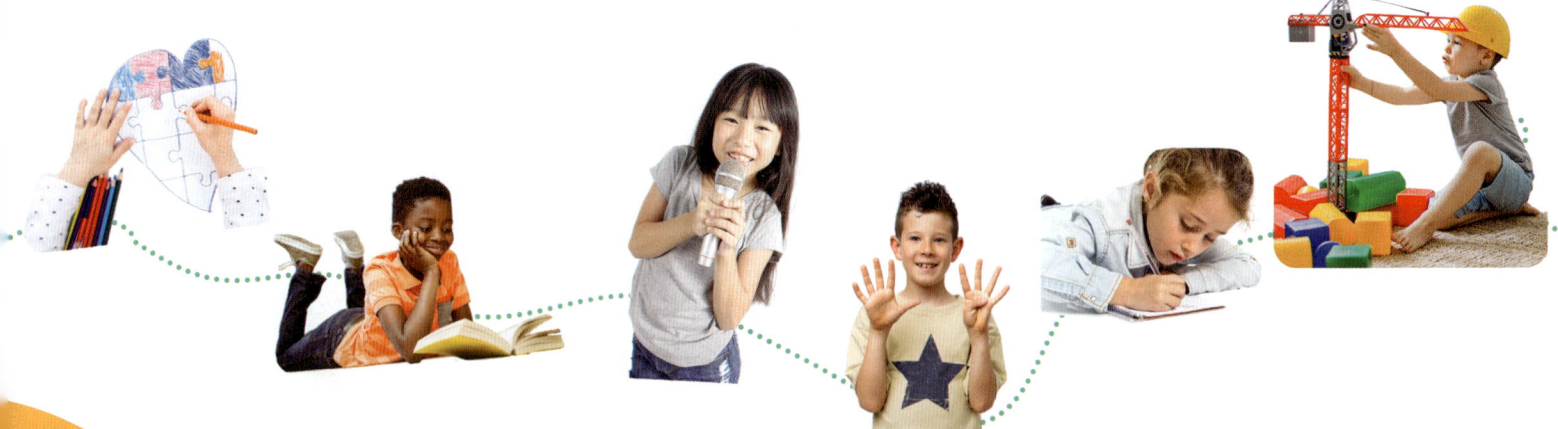

UNITÉ 2

3. Milo a école quel jour ? Écoute et montre.

4. Les jours de la semaine. Écoute et chante.

5. À l'aventure ! Vite, à l'école !

a. Regarde le dessin animé puis remets les images dans l'ordre.

b. Écoute et montre la bonne image.

 La semaine : lundi, mardi, mercredi, jeudi, vendredi, samedi, dimanche.

DES ÉCOLIERS DU MONDE ENTIER

A

B

1 Je m'appelle Mia.
J'habite à Paris.
Je porte un tee-shirt rose.

2 Je m'appelle Bintou.
J'habite à Dakar.
Je porte un tee-shirt jaune, noir et orange.

3 Je m'appelle Kim.
J'habite à Manchester.
Je porte un uniforme : un pull rouge et une jupe noire.

4 Je m'appelle Aïko.
J'habite à Tokyo.
Je porte un uniforme : une jupe, une chemise et un chapeau.

C

D

1. Écoute et associe à la bonne photo.

2. Lis et associe à la bonne photo.

3. Où habitent Mia, Kim, Bintou et Aïko ? Montre sur la carte p. 78-79.

4. Et toi, tu portes un uniforme à l'école ?

PROJET

FLIP FLAP – Mon école et moi

1. Fabrique ton Flip Flap.

a. Découpe les éléments de ta fiche.

b. Écris, dessine ou colle des photos.

c. Écris le titre sur une feuille cartonnée.

d. Colle et décore.

2. Présente ton Flip Flap à tes camarades.

> À l'école, j'aime dessiner…

> Dans ma trousse, il y a une gomme, …

MÈNE L'ENQUÊTE AVEC MILO ET OUAF !

Mystère à l'école
Où sont les cartables ?

L'histoire

Les suspects

 Robert
 Margot
 Etoric
 Victor
 Corine
 Hector

RÉSOUS LES ÉNIGMES ET TROUVE LE COUPABLE !

1. Choisis la bonne suite logique.

B = 🟦
O = 🔺
R = 🟡

Lettre : ....

2. Regarde les mots. Quelle lettre manque ?

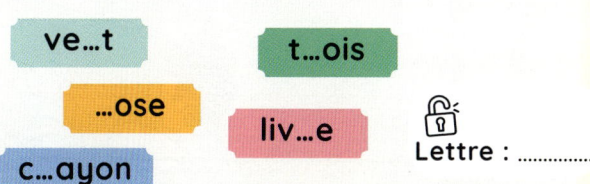

Lettre : ....

3. Quelle est la bonne photo ?
Il porte une chemise rose.

Lettre : ....

4. Quel mot pour la silhouette ?

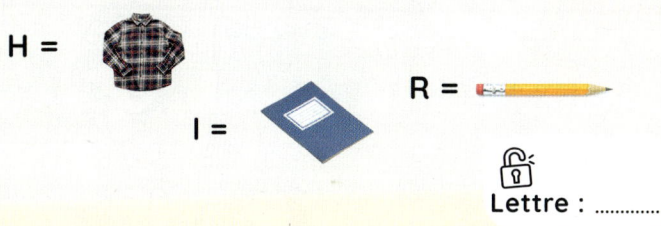

H = 👕
I = 📓
R = ✏️

Lettre : ....

5. Il y a combien de carrés ?

E = 5
N = 8
T = 9

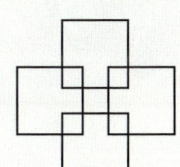

Lettre : ....

6. Milo n'a pas école quel jour ?

E = mardi
V = mercredi
C = jeudi
H = vendredi

Lettre : ....

➡ **METS LES LETTRES-INDICES DANS L'ORDRE POUR TROUVER LE BON PRÉNOM !**

UNITÉ 3

C'EST LA FÊTE AU JARDIN !

LEÇON 1 — On va au marché ?

1. Qu'est-ce qu'ils achètent ? Écoute et montre.

2. Où est le panier de Rose ? Écoute et montre.

 Au marché : des ananas, des kiwis, des oranges, des pommes, des raisins, des fleurs…

UNITÉ 3

 **3.** Il y a… Il n'y a pas de… Trouve les 9 différences et dis.

 **4.** a. Écoute. Frappe le rythme des mots et répète.

b. Écoute et montre la bonne photo.

 Dans le panier, il y a des pommes.
Il n'y a pas de bananes.

LEÇON 2 — Tu n'aimes pas le fromage ?

1. Écoute et montre la bonne image.

2. Écoute encore. Choisis un personnage et joue.

3. Qu'est-ce que Sofia aime ? Qu'est-ce qu'elle n'aime pas ?

J'aime beaucoup les fruits !
J'adore le gâteau au chocolat !

UNITÉ 3

4. **Le**, **la**, **les**. Avec tes camarades, range dans le bon panier. Écoute pour vérifier.

5. **Jeu du post-it**. Pose des questions à tes camarades.

6. Grrr, on n'aime pas !
a. Regarde la vidéo et découvre la chanson.
b. Chante avec tes camarades.

Je n'aime pas le fromage.
Je déteste les olives !

LEÇON 3 — Je compte jusqu'à 20 !

1. Écoute Milo et compte avec lui sur tes doigts.

 **2.** **Bingo des nombres.** Écoute et joue avec tes camarades.

Je compte jusqu'à vingt !
… dix-sept, dix-huit, dix-neuf, vingt !

UNITÉ 3

3. **Compte avec moi !** Écoute et répète de plus en plus vite.

4. À l'aventure ! Fifi a disparu.

   a. Regarde le dessin animé, puis trouve l'intrus parmi les images.

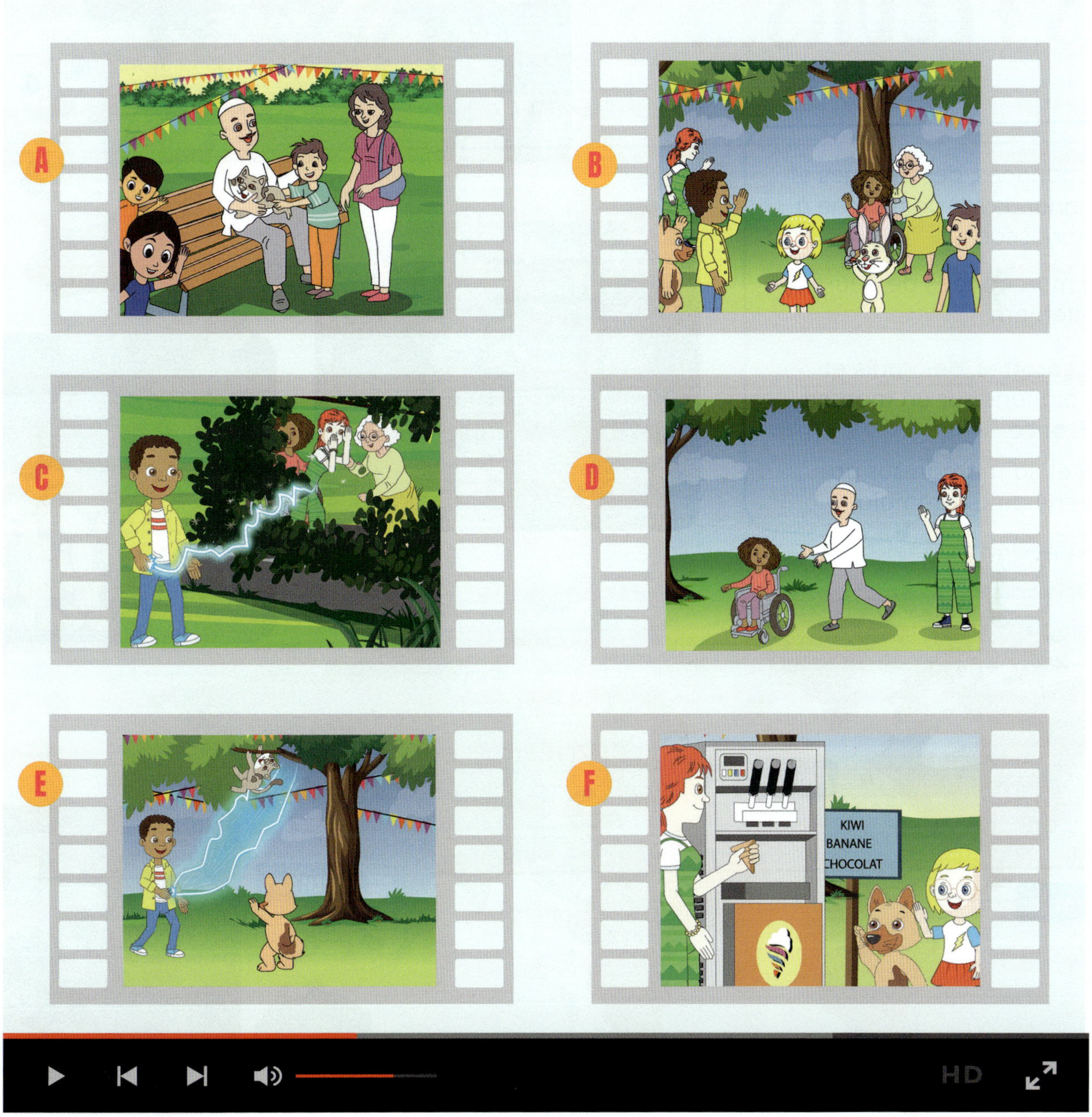

   b. Écoute et montre la bonne image.

Qui joue à cache-cache avec moi ?
Qui compte avec moi ?

DES FRUITS, DES LÉGUMES, DES FLEURS...

1. Des bananes, des oranges et des ananas sur un marché à Madagascar.
2. Des marchandes de fleurs au Vietnam.
3. Des carottes, des radis et des oignons sur un marché en France.
4. Ana et sa maman sur un marché au Guatemala.

1. Observe et lis. Associe chaque légende à la bonne photo.
2. Montre chaque pays sur la carte.
3. Dans ton pays, qu'est-ce qu'on trouve sur les marchés ? Des fruits ? Des fleurs ? Des vêtements ? Dessine et dis.

PROJET

MON LIVRE NUMÉRIQUE – J'adore / Je déteste

1. Crée ton livre numérique.

a. Dessine ce que tu adores et ce que tu détestes. Photographie tes dessins.

b. Intègre tes photos dans le livre numérique.

c. Écris ton texte : J'adore… Je déteste…

d. Parle et enregistre ton texte.

2. Bravo, le livre est terminé ! Tu peux le visionner, l'écouter et le partager.

(*Tu peux aussi créer ton livre papier, puis le présenter à tes camarades.*)

J'adore les fleurs !

Je déteste les brocolis !

PAUSE LECTURE

1. Observe la couverture du livre A et dis.

a. Quel est le titre ?
b. Qui a écrit et dessiné le livre ?
c. Qu'est-ce que tu vas trouver dans ce livre :
 • une histoire ?
 • des poésies ?
 • des recettes ?

2. Observe l'illustration Ⓑ et dis.

a. Il y a quels fruits dans la recette ?
b. Regarde ces 3 photos. Laquelle correspond à la recette ?

3. À ton avis, comment s'appelle la recette ?

a. Salade de mangues.
b. Salade de fruits.
c. Crumble de fruits.

4. En cours de français ou à la maison, réalise cette recette avec tes amis ou ta famille.

LEÇON 1 — Tu as des frères et sœurs ?

1. Écoute Fatou et montre les membres de sa famille.

2. Écoute et montre Camille, Sacha et Charlie.

3. Et toi, tu as des frères et sœurs ?

 le papa, la maman, le frère, la sœur, le papi, la mamie, le cousin, la cousine

UNITÉ 4

 **4.** **Jeu de la casquette.** Joue avec tes camarades.

 **5.** Écoute et fais le geste si tu entends le son [ã] comme dans

 **6.** **Comment tu t'appelles ?**

a. Regarde la vidéo et découvre la chanson.
b. Joue et chante avec Fatou.

 J'ai un frère. Je n'ai pas de sœur.

LEÇON 2 — C'est ta maison ?

1. Écoute et montre les pièces de la maison.

2. Kim sonore. Qu'est-ce qui manque ? Regarde, écoute et dis.

Dans la maison de Fatou : la cuisine, le salon, la chambre, la salle de bains, les toilettes, le jardin.

UNITÉ 4

3. Mon, ma, mes. Observe et complète. Que dit Milo ?

4. Bataille navale ! Joue avec un(e) camarade.

5. Comment elle s'appelle ? Joue et chante encore avec Fatou.

Elle s'appelle Fatou, son frère Moussa, sa sœur Mona, ses parents Clara et Adama.

LEÇON 3 — Dans la savane

1. Ferme les yeux et écoute. Qu'est-ce que tu entends ?

2. Écoute et montre les animaux.

3. Quel est ce cri ? Écoute et dis.

Les animaux de la savane : la girafe, l'hippopotame, le pélican, le lion, l'éléphant, le zèbre.

 **4.** Charivari dans la savane ! Joue avec tes camarades.

5. À l'aventure ! Une excursion dans la savane.

a. Regarde le dessin animé, puis trouve l'intrus parmi les images.

b. Écoute et montre la bonne image.

  Écoutez, qu'est-ce que c'est ? C'est un éléphant !

DES ANIMAUX EN DANGER

Les abeilles sont en danger !

1. Observe Milo et ses amis. Qu'est-ce qu'ils font ?
2. Quels animaux en danger reconnais-tu ?
3. Connais-tu d'autres animaux en danger ? Dessine et présente ton dessin à tes camarades.

PROJET

POSTER - Ma grande famille

1. Fabrique le poster de ta grande famille.

Qui habite avec toi dans ta maison ? Qui sont tes amis ?
Qui sont les personnes que tu aimes aussi ?

a. Découpe les 3 gabarits de ta fiche.

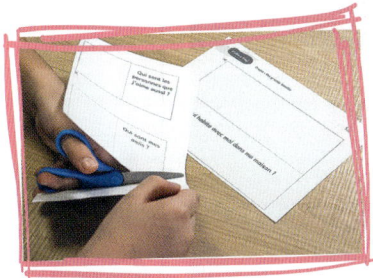

b. Pour chaque gabarit, dessine et/ou colle des photos.

c. Légende les dessins.

d. Écris le titre. Décore ton poster. Colle les 3 gabarits.

2. Présente ta grande famille à tes camarades.

Dans ma grande famille, il y a mes amis Zélie, Ernest et Léo.

J'aime aussi ma cousine Léa, mon cousin Paco et ma maîtresse.

MÈNE L'ENQUÊTE AVEC MILO ET OUAF !

Kidnapping dans la jungle
Sauvons Bébé Tigre !

L'histoire

Les suspects

Les frères Maolin   Les sœurs Liruso   Les sœurs Nirmod   Les frères Luoshi

RÉSOUS LES ÉNIGMES ET TROUVE LES COUPABLES !

1. Quel mot pour la silhouette ?

A =  M =

O =

Lettre : ....

2. Regarde les mots. Quelle lettre manque ?

h...ppopotame   pél...can
crocod...le   l...on
g...rafe

Lettre : ....

3. Quel est le bon résultat ?

sept + sept + sept = ?

S = 19
L = 21
N = 23

Lettre : ....

4. Quelle est la bonne réponse ?

Le papa de mon papa est...

A = ma mamie
U = mon papi
O = mon cousin

Lettre : ....

5. Sudoku. Qu'est-ce qui manque ?

R = le fromage
L = les carottes
S = la glace
P = la fraise

Lettre : ....

6. Comment s'appelle le frère de Julia ?

Je m'appelle Mario. J'ai une sœur. Elle s'appelle Julia.

I = Julio
H = Mario
U = Frèro

Lettre : ....

➡ **METS LES LETTRES-INDICES DANS L'ORDRE POUR TROUVER LE BON NOM !**

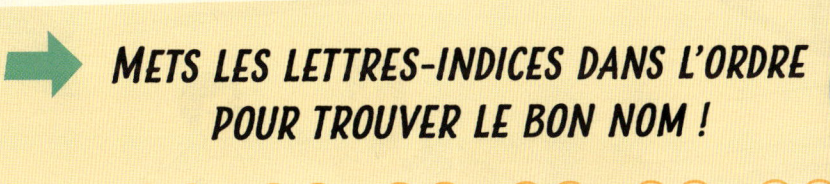

LEÇON 1 Du yoga sur la plage

1. Écoute et montre les postures. 83

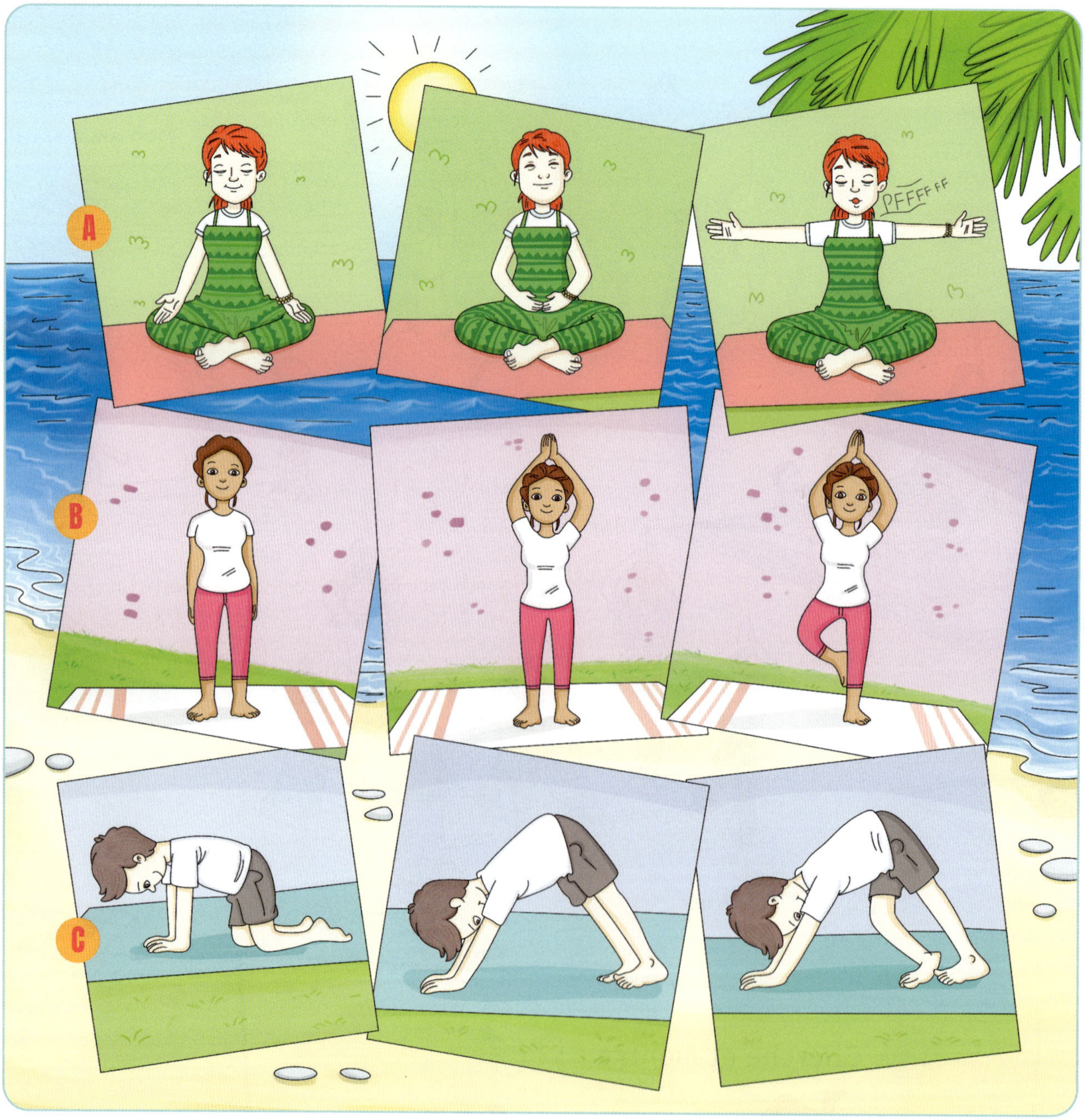

2. Écoute encore et fais les 3 postures de yoga avec Rose et ses amis. 83

84 mon corps : ma tête, mes bras, mes mains, mon ventre, mes jambes, mes genoux, mes pieds

UNITÉ 5

3. Écoute et montre la bonne photo.

4. Qu'est-ce que tu mets dans la maison de la ?
Écoute, dis et fais le geste.

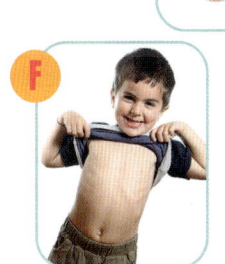

5. La chanson du dromadaire.

a. Regarde la vidéo et découvre la chanson.
b. Chante avec tes camarades.

 Je suis debout. Je lève les bras.
Je plie une jambe.

LEÇON 2 — Vous jouez avec nous ?

1. Écoute et montre.

2. **Kim sonore.** Qu'est-ce qui manque ?
Regarde, écoute et dis.

mes jeux : le foot, le basket, la marelle, l'élastique, les billes, les jeux vidéo

UNITÉ 5

 3. Au, à la, à l', aux. Comment ça marche ? Observe et dis.

Elle joue **au** basket.　　Elle joue **à la** poupée.　　Elle joue **à l'**élastique.　　Elle joue **aux** jeux vidéo.

 **4.** **Mime menteur !** Joue avec tes camarades.

« Non ! Tu joues aux billes ! »

« Je joue à la marelle ! »

5. Interroge tes camarades et trouve le jeu préféré de ta classe !

« Tu aimes jouer à quoi ? »

« J'aime jouer à l'élastique et aux jeux vidéo. »

 J'aime jouer à l'élastique et aux jeux vidéo. Mon jeu préféré, c'est le foot.

LEÇON 3 — Je suis super content ! Et toi ?

1. Écoute et montre la bonne émoticône.

2. Écoute, mime et répète.

Je suis super content !

Je suis en colère !

3. Tu reconnais quelles émotions ? Observe et dis.

Mes émotions : j'ai peur, je suis en colère, je suis triste, je suis calme, je suis content(e), je suis fatigué(e).

UNITÉ 5

4. **Domino des émotions.** Joue avec tes camarades.

« Il est triste. Elle est en colère. »

5. **À l'aventure !** Un kite-surf très spécial.

a. Regarde le dessin animé puis remets les images dans l'ordre.

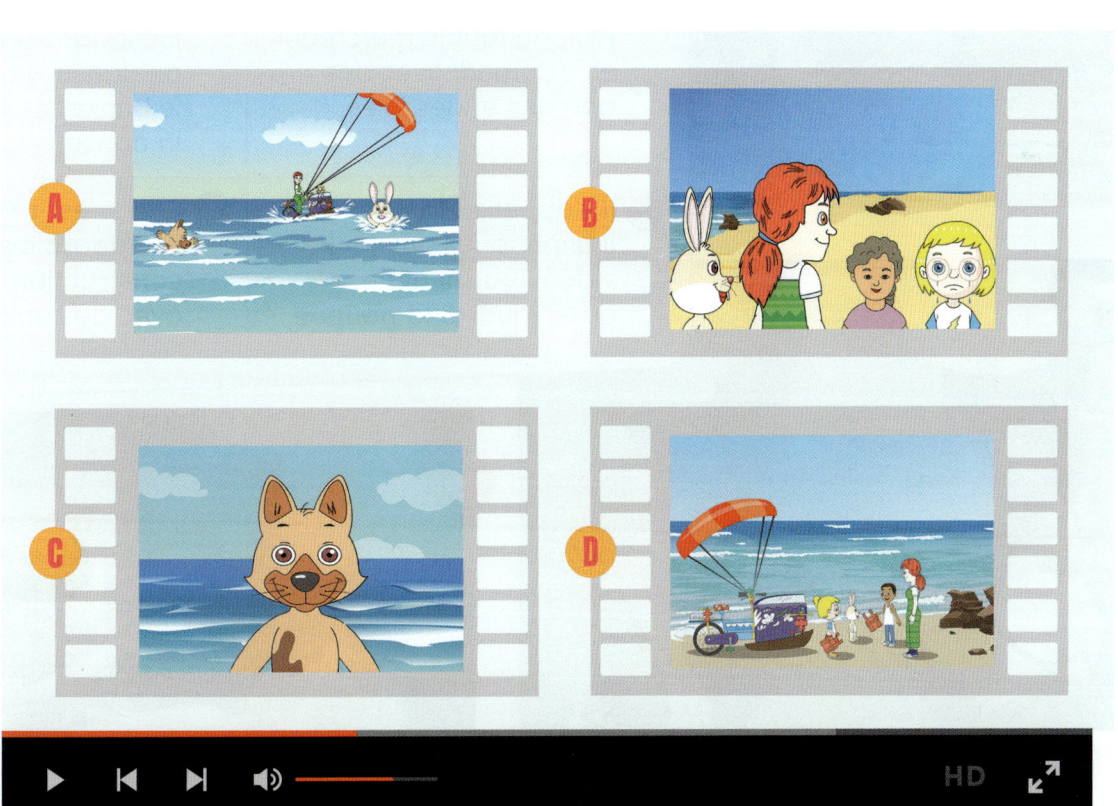

b. Écoute et montre la bonne image.

 Milo fait du kite-surf. Rose fait du yoga. Ouaf nage.

POUR LES FILLES.. OU POUR LES GARÇONS ?

1. Ana adore le foot. Elle joue au foot le mercredi et le samedi avec des garçons et des filles.

2. Il s'appelle Marius. Il aime jouer aux jeux vidéo, mais il aime aussi jouer à la poupée.

3. Adrien a 8 ans. Il est dans une école de danse. Il aime le basket et il adore la danse.

4. Sacha est très créative. Elle adore les jeux de construction. Elle joue avec des amis.

1. Écoute et associe à la bonne photo.

2. Lis et associe à la bonne photo.

3. « Il y a des jeux pour les filles et des jeux pour les garçons. » Es-tu d'accord avec cette affirmation ?

PROJET

Ma roue de l'égalité

1. Fabrique ta roue.

a. Découpe ta fiche.

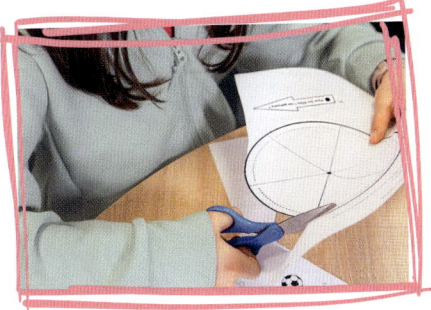

b. Colle tes étiquettes-jeux, dessine et colorie ta roue.

c. Écris.

d. Fixe la flèche sur la roue avec une attache parisienne.

2. Interroge tes camarades.

Jouer au foot, c'est pour les garçons ou pour les filles ?

Jouer au foot, c'est pour les garçons et pour les filles !

PAUSE LECTURE

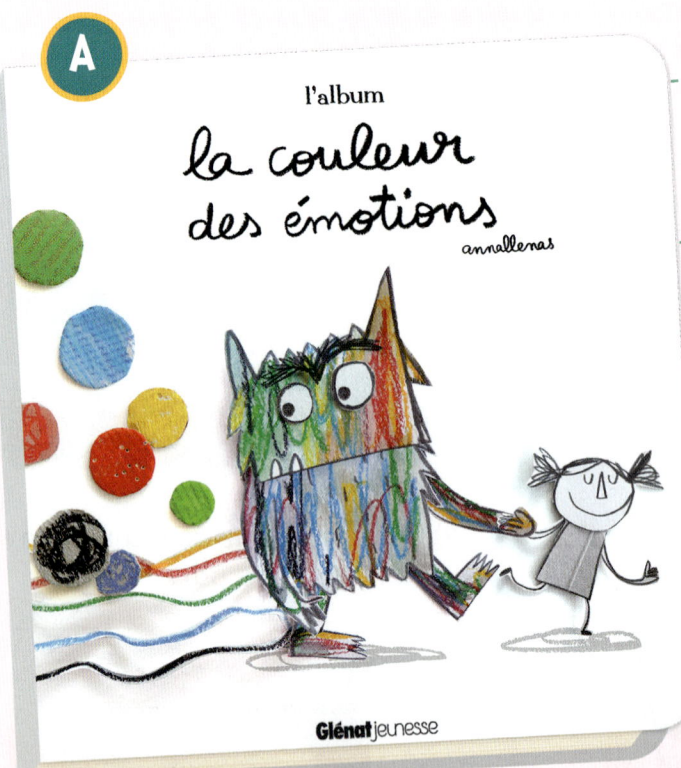

la peur

la joie

la sérénité

la colère

D

E

1. Lis le titre de l'album et décris l'illustration de la couverture A.

2. Observe les illustrations B, C, D, E. Qu'est-ce que tu vois ? Associe chaque couleur du petit monstre à une émotion. Explique ton choix.

3. Imagine un petit monstre bleu ou un petit monstre rose. À quelles émotions associes-tu le bleu et le rose ?

4. Et toi, quelle est la couleur de tes émotions aujourd'hui ? Dessine et montre ton dessin à tes camarades.

LEÇON 1 — Tu fais ta valise ?

1. Écoute et montre.

2. Kim sonore. Qu'est-ce qui manque ? Regarde, écoute et dis.

3. Écoute. Donne à chaque fille sa valise.

Lyna

Jade

dans ma valise : un bonnet, un short, des lunettes, des jumelles…

 UNITÉ 6

 4. **Je pars en vacances et…** Écoute et répète, puis joue avec tes camarades.

Je mets dans ma valise un bonnet !

Je mets dans ma valise un bonnet et un short !

Je mets dans ma valise un bonnet, un short et…

 **5.** Qu'est-ce que tu mets dans la maison des ?  Écoute, fais le geste et dis.

6. **Ça n'existe pas !** Écoute la petite poésie et répète.

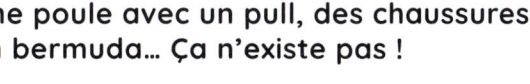 Une poule avec un pull, des chaussures, un bermuda… Ça n'existe pas !

69

LEÇON 2 — Quel temps fait-il ?

1. Écoute et montre.

2. Qui parle ? Écoute et montre la bonne photo. Dis ce que tu vois.

> La météo : il pleut, il neige, il y a du soleil, il y a du vent, il y a des nuages.

UNITÉ 6

3. Où sont-ils ? Écoute et montre.

sur – sous – derrière – devant – entre

4. Il y a… Il n'y a pas de… Observe et nomme les 7 différences.

5. Quel temps fait-il aujourd'hui ?
  a. Regarde la vidéo et découvre la chanson.
  b. Chante avec tes camarades.

Il est sous son parapluie.

LEÇON 3 — Une randonnée dans la montagne

1. **Qu'est-ce que tu entends ?** Écoute les cris des animaux et montre la bonne photo.

A
B
C
D
E
F

2. Écoute le reportage de Rose. Montre le bon animal sur les photos. Répète son nom.

Dans la montagne on voit des vaches, des moutons, des oiseaux, des marmottes…

UNITÉ 6

 **3.** **Sudoku des animaux.** Joue avec tes camarades.

4. À l'aventure ! 5 kilomètres à pied...
a. Regarde le dessin animé. Tu vois ces animaux ?

b. Remets les images dans l'ordre. Regarde encore pour vérifier.

c. Écoute et montre la bonne image.

 Il y a de l'orage. On entend le tonnerre !

COCORICO, KOKEKOKKO... DE PARIS À TOKYO !

A
- Mêê mêê
- Bêê bêê

B
- Nyâ nyâ
- Miaou

C
- Kokekokkoo
- Cocorico !

D
- Mô mô
- Meuh

E
- Hî hô
- Hi han

1. Montre Paris et Tokyo sur la carte p. 78-79.
2. Écoute et associe chaque bruit au bon animal.
3. Quel bruit font ces animaux dans ta langue ou dans les langues que tu connais ?

PROJET

Ma cocotte plurilingue

1. Fabrique ta cocotte.

a. Découpe ta fiche et colorie les ronds.

b. Colorie les animaux.

c. Dessine des drapeaux français ou japonais ou de ton pays.

d. Plie ta cocotte.

2. Joue avec tes camarades.

- Combien ?
- Tu veux quelle couleur ?
- Comment fait le coq en français ?
- 6 !
- Rouge !
- Il fait « cocorico » !

MÈNE L'ENQUÊTE AVEC MILO ET OUAF !

Où est le gâteau d'anniversaire ?

L'histoire

Les suspects

Lorine

Martin

Romain

Marine

RÉSOUS LES ÉNIGMES ET TROUVE LES COUPABLES !

1. Quel est l'intrus ?

G = Il y a du soleil. J = Il y a du vent.
H = Il neige. K = Il pleut.
I = Il va bien.

Lettre : ....

2. Lis la description.
Quelle est la posture de yoga ?

Elle plie une jambe. Elle lève un bras. Elle est debout.

L =   M =   N =

Lettre : ....

3. Quelle lettre manque ?

...arelle   ja...be
...outon   ...ar...otte
...ontagne

Lettre : ....

4. Quelle onomatopée en français ?

P = Meuh   Q = Mê Mê   S = Miaou
R = Bêê Bêê

Lettre : ....

5. Complète le sudoku.
Tu lis quel mot en jaune ?

A = vent
B = lent
C = dent

Lettre : ....

6. Quelle est la bonne réponse ?

Il y a des marmottes :
E = dans la savane.
O = dans la montagne.
P = dans la jungle.

Lettre : ....

➡ **METS LES LETTRES-INDICES DANS L'ORDRE POUR TROUVER LE BON NOM !**

CARTE DU MONDE

OCÉAN ATLANTIQUE

OCÉAN PACIFIQUE

NORD
OUEST — EST
SUD

Crédits photographiques :

Adobe Stock : **p. 2,** U2 : © Elena ; U3 : © Albachiaraa ; U6 : © alekseyvanin ; loupe : © taelefoto ; livre : © Gstudio ; **p. 4,** haut : © JenkoAtaman ; Stepan Popov (cœur) ; bas : © JenkoAtaman ; A : © tarasov_vl ; B : © Yeti Studio ; C : © Volodymyr Shevchuk ; D : © Patryk Kosmider ; E : © Adhivaswut, F : © ERIC ; **p. 6,** A : © J Maas/peopleimages.com ; B : © nuzza11 ; C : © michaeljung ; D : © Anton ; **p. 9** vig. 1 : © adisa ; © Caelestiss, vig. 3 : © caryblade ; © Joaquin ; bas (g. à d. et h. en b.) : © barks ; © stockakia ; © lilett ; © grgroup ; © thingamajiggs ; **p. 11,** A : © Prostock-studio ; B : © Krakenimages.com ; C : © Irene ; D : © 5second ; bas g. : © Anatoliy Karlyuk ; d. : © Roquillo ; **p. 13** : © Digital Bazaar ; Jan Engel ; **p. 15,** A : © mimagephotos ; B : © sofiko14 ; C : © Irina Schmidt ; D : © Ivan Traimak ; **p. 16,** d. : © EdNurg ; deagreez ; m. : © lom123 ; © kinoco ; g. : © chrwittm ; © Dmitry Lobanov ; b. :© Tatyana ; © csimage ; **p. 19,** vig. 1 : © Igor ; © Sonya illustration ; bas (trousse) : © Maryna Vladymyrska ; **p. 21,** g. à d. : © Björn Wylezich ; © ALF photo ; © Veniamin Kraskov ; © Sergey Sklezněv ; © Markus Mainka ; © DOC RABE Media ; **p. 22,** A : © Анна Демидова ; B : © deagreez ; C : © Pixel-Shot ; D : © JenkoAtaman ; **p. 23,** g. à d. et h. en b. : © Irina Rogova ; © Hayati Kayhan ; © Irina Rogova ; © Vladiri ; © Sergey Sklezněv ; © nys ; © MichaelJBerlin ; © Andrzej Tokarski ; © nys ; © DOC RABE Media ; p. 24, 1, A : © aletia2011 ; B : © U. J. Alexander ; C : © New Africa ; D : © Africa Studio ; E : © FAMILY STOCK ; F : © WavebreakMediaMicro ; 2, g. à d. : © Katerina ; © paulaphoto ; © luismolinero ; © paulaphoto ; © luismolinero ; © shangarey ; **p. 25** : © Igor ; : © Sonya illustration ; **p. 26,** C : © JackF ; D : © Pixel-Shot ; **p. 29,** C : © Dmitriy Vasilenko ; M : © Vadym Drobot ; H : © Africa Studio ; I : © Bjoern Wylezich ; R : © Hayati Kayhan ; **p. 31** : © Milya Shaykh ; © ONYXprj ; **p. 33** : © Wise ant ; A : © valeriy555 ; B : © amnach ; C : © valery121283 ; D : © fotostuttgart ; E : © by-studio ; F : © ChaoticDesignStudio ; G : © Roman Samokhin ; **p. 34** : © Lightfield Studios ; A : © exclusive-design ; B : © Lustrator ; C : © Lustrator ; D : © Chirawan ; E : © ViDi Studio ; F : © Сергей Васильченко ; G : © Evgeniia ; H : © M.studio ; I : © Africa Studio ; **p. 35,** A : © nys ; B : © Natika ; F : © Yeti Studio ; D : © Mongta Studio ; E : © Yeti Studio ; F : © womue ; G : © vovan ; H : © Andrzej Tokarski ; I : © romiri ; J : © Andrey Popov ; **p. 38,** A : © Jérôme Rommé ; B : © Salmonnegro ; D : © tranquocphongvn ; carte : © pyty ; **p. 41,** A : © surabhi25 ; B : © Rhönbergfoto ; C : © olyina ; **p. 43,** vig. 1 : © MicroOne ; ©josepperianes ; vig. 3 : © Ardea-studio ; bas (bateau) : © ylivdesign ; **p. 44,** A : © alonaphoto ; B : © Alex S/peopleimages.com ; C : © sementsova321 ; **p. 45,** A : © Rawpixel.com ; B : © sveta ; C : © amnach ; D : © valery121283 ; E : © by-studio ; F : © Irina Rogova ; G : © Lustrator ; H : © ViDi Studio ; **p. 46,** g. à d. : © LuckyPhoto ; © Pixel-Shot ; © Pixel-Shot ; © dasom ; © FollowTheFlow ; © OlegD ; **p. 48,** A : © Florian Scholl ; B : © SpeedShutter ; C : © Philippe Prudhomme ; D : © shaunwilkinson ; E : © Daniel Meunier ; F : © @IrisMyriel ; **p. 50** : © Creativa Images ; **p. 53,** 1, A : © OlegD ; O : © lloyd fudge ; M : © Alexander Potapov ; 5 : © exclusive-design ; © kovaleva_ka ; © Iurii Kachkovskyi ; © Natika ; 6 : © David Lahoud/peopleimages.com ; **p. 55,** vig. 1 : © Xiahou ; vig. 2 : © strichfiguren ; © Burao ; **p. 57,** 3, A, C : © nareekarn ; B, D : © fizkes ; 4, A : © Tim UR ; B : © Noel Powell ; C : © dimedrol68 ; D : © OlegD ; E : © Co-Design ; F : © fidelio ; G : © Eric Isselée ; H : © Sue Tansirimas ; **p. 58,** de g. à d. : © yanadjan ; © famveldman ; © 6okean ; © pololia ; © JackF ; © Petr Bonek ; **p. 60,** 1 : © treter ; 2, g. : © valiza14 ; d. : © sweetlemontea ; 3, de g. à d. : © Asier ; © Jihan ; © Krakenimages.com ; © Krakenimages.com ; © r hakule ; © Family Stock ; **p. 62,** A : © serhiibobyk ; B : © Andrey Bandurenko ; C : © maranso ; D : © makam1969 ; **p. 67,** vig. 1 : © Olha Vietrova ; © Abdul Qaiyoom ; vig. 2 : © anna_60788 ; © Caroline Devulder ; © Dzmitry ; © topvectors ; © Dariia ; © a7880ss ; © Igor ; © Анна Таранкова ; **p. 68,** 2, de g. à d. : © Irina Rogova ; © SashaMagic ; © vadim yerofeyev ; © Sofi ; © Michael ; © redfox331 ; 3, g. : © PiyawatNandeenoparit ; d. : © pololia ; **p. 69,** A, B : © nys ; C : © Lustrator ; D : © Hugh O'Neill ; E : © boitano ; F : © Sviatoslav Kovtun ; G : © Сергей Васильченко ; H : © pornchai ; **p. 70,** A : © torwaiphoto ; B : © Maria ; C : © Татьяна Тарунтаева ; D : © Erik_AJV ; **p. 72,** 1, A : © Evelina ; B : © JérémyElain ; C : © francescodemarco ; D : © Florian Kresse ; E : © hakoar ; F : © Kadmy ; 2 : © まるまる ; **p. 74,** A : © Gill ; B : © MNStudio ; C : © paolofusacchia ; D : © Bernard 63 ; E : © belyaaa ; **p. 77,** 2 : © VectorBum.

p. 26, A : © Jake Lyell / Alamy Stock Photo ; B : © Photo Japan / Alamy Stock Photo.; **p. 38,** C : © Micha Klootwijk / Alamy Stock Photo ; **p. 78-79** : Oscar M. Fernandez Collado.

p. 40-41 : *Les Recettes de Nono et Potchi*, © Le Lézard Noir, Marini Monteany et Mayumi Inoue, 2022.

p. 64-65 : *La Couleur des émotions*, © Anna Llenas, 2012 (texte et illustrations originales) ; © Éditions Quatre Fleuves (traduction et 1re édition en langue française) ; © Éditions Glénat, « Fluvius », 2017.

Direction éditoriale : **Béatrice Rego.**
Marketing : **Thierry Lucas.**
Édition : **Charline Heid-Hollaender, Noëlle Rollet.**
Conception et réalisation couverture : **Miz'enpage.**
Conception maquette intérieure : **Dagmar Stahringer.**
Mise en pages : **AMG.**
Studio : **Lumiiq.**
Illustrations : **Lucía Miranda ; Purvish Sheth.**
Animations : **Mitr** (chansons), **Straive** (dessins animés).

© CLE International / Sejer – Paris 2024.
ISBN : 978-209-035892-6.

N° Editeur : 10289007
Achever d'imprimer en mars 2024 par Estimpim, (France)